MENTOR
VERLAG

Aus Verantwortung für die Umwelt haben wir uns zu einer nachhaltigen Buchproduktion verpflichtet.

Wenn ihr Lust habt, noch mehr über unseren Verlag zu erfahren, dann folgt uns doch einfach auf Instagram: **@mentorverlag**
Wir freuen uns!

Du hast Fragen, Ideen oder Anregungen?
Melde dich per E-Mail bei uns: service@mentor-verlag.de

ISBN 978-3-948230-15-9
1. Ausgabe, 2. Auflage, September 2020

Gedruckt in Europa (BALTO print, Litauen) auf FSC-Papier

Text: Francesca Cavallo
Künstlerische Leitung: Samuele Motta
Illustration: Verena Wugeditsch
Schriftzug: Valentina Casali
Aus dem Italienischen von Daniela Papenberg
Übersetzungslektorat: Dr. Simone Bischoff
Layout und Satz in Deutschland: Jungrad.Design

Originaltitel: „Elfi al quinto piano“ (Elfen im fünften Stock), zuerst erschienen in Italien bei Feltrinelli Kids, eine Marke von Giangiacomo Feltrinelli Editore, ISBN 978-88-07-92322-7

Bücher vom Mentor Verlag gibt es überall im Buchhandel und auf **www.mentor-verlag.de**

FSC www.fsc.org
MIX
Papier aus verantwortungsvollen Quellen
FSC® C107574

#VERLAGE GEGEN RECHTS

FRANCESCA CAVALLO

DAS WUNDER VON R.

Illustrationen von Verena Wugeditsch
Aus dem Italienischen von Daniela Papenberg

Allen Kindern,
die sich Erwachsenen widersetzen,
um die Welt zu verändern

Liebe Leserin, lieber Leser,

ich freue mich sehr, euch in der Stadt R. willkommen zu heißen! In ein paar Seiten werdet ihr diesen sonderbaren Ort kennenlernen und beim Durchstreifen seiner verschneiten Straßen zusammen mit den kleinen Heldinnen und Helden unserer Geschichte Spaß haben. Aber vorher möchte ich euch etwas sagen.

Weihnachten ist für mich eine der schönsten Zeiten des Jahres. Ich komme aus einer sehr großen Familie, und seit ich denken kann, haben wir Weihnachten fast immer alle zusammen verbracht. Als Kind fand ich es schön, den Familien in den Weihnachtsfilmen im Fernsehen zuzusehen, während meine eigene Familie um mich herum auf dem Sofa saß. Als ich größer wurde, entdeckte ich aber, dass ich lieber mit einer Frau als mit einem Mann eine Familie gründen wollte. Damals begann ich, mir Gedanken zu machen, warum in keiner der Weihnachtsgeschichten, die ich gelesen oder gesehen hatte, Familien vorkamen, die so waren, wie ich sie mir wünschte.

Ich hätte diese Gedanken gern mit jemandem geteilt, glaubte aber, dass es einen heimlichen Grund gab, weshalb es in den Geschichten, die ich kannte, keine Familien mit zwei Mamas gab. Ich schämte mich, nach Gründen dafür zu fragen.

Erst als ich erwachsen war, wurde mir klar, dass es gar keinen Grund gab, und dass ich mich für nichts zu schämen brauchte.

Einige sind der Meinung, dass man mit Kindern nicht über Familien mit zwei Müttern oder zwei Vätern zu sprechen braucht, weil „Kinder das noch nicht verstehen". Aber was ist daran schwierig? Was Liebe ist, kann jeder Mensch fühlen. Es ist sehr wichtig, so aufzuwachsen, dass man Familien normal findet, die anders als die eigene sind. So kann eine Welt entstehen, in der sich alle Kinder willkommen fühlen und niemand Aspekte seiner Persönlichkeit zu verstecken braucht.

Ich dachte, dass Erwachsene immer recht haben und dass man gewisse Fragen nicht stellt. Wenn die Großen entschieden hatten, dass bestimmte Themen nicht in Kinderbücher gehören, mussten sie doch recht haben!

Die Hauptpersonen in Das Wunder von R. *sind viel klüger, als ich es war. Wie so viele junge Aktivistinnen unserer Zeit, von Malala Yousafzai bis Greta Thunberg, hören diese Kinder nicht auf, „warum" zu fragen, missachten sinnlose Erwachsenenregeln und verändern die Welt, gerade indem sie das tun.*

Könnte ich in die Vergangenheit reisen, würde ich mich zusammen mit meiner Schwester und meinen Cousinen im Schlafzimmer meiner Oma Anna einschließen und mit ihnen Das Wunder von R. *lesen, während nebenan die Erwachsenen an einem langen Tisch mit grüner Tischdecke sitzen und Karten spielen.*

Ich wünsche mir, dass dieses magische Abenteuer euch und euren Familien an den Weihnachtsabenden Gesellschaft leistet, und dass es euch hilft, andere anzunehmen und euch angenommen zu fühlen.

Frohe Weihnachten!
Francesca Cavallo

DIE ANKUNFT IN R.

Es war der 22. Dezember, als Familie Greco-Aiden in der Stadt R. ankam. Sie waren zu fünft: Isabella, Dominique und ihre drei Kinder; Manuel, Camila und Shonda.

Müde von der langen Reise stiegen sie aus dem Zug. Sie wollten gerade zur Bahnhofshalle gehen, als plötzlich neben ihnen ein Mädchen auftauchte, das auf einem Koffer saß, der offenbar motorisiert war, und mit Schwung in ihren Gepäckstapel krachte. „Olivia!“, hörte man eine Frau von Weitem schreien.

Isabella und Dominique waren sofort bei dem fremden Mädchen. „Hast du dir wehgetan?“, fragten sie besorgt. „Nein, danke, alles in Ordnung!“, antwortete Olivia fröhlich und klopfte sich den Staub vom Anorak.

„Was ist denn das für ein Ding?“, fragte Shonda fasziniert und zeigte auf den merkwürdigen Koffer, mit dem Olivia auf das Gepäck gefallen war. „Das ist ein Koffermobil“, antwortete das Mädchen stolz. „Ich habe es selbst gebaut. Ihr seid nicht von hier, stimmt’s?“

„Nein, wir sind neu“, sagte Manuel. „Wir ziehen hierher.“ „Und wo werdet ihr wohnen?“, fragte Olivia neugierig. „Im Weg der großen Kamine Numero 10“, antwortete Camila. „Weißt du zufällig, wo das ist?“ „Klar“, sagte Olivia und zog einen Stadtplan aus der Hosentasche. „Das ist gleich beim Bahnhof. Guck mal: hier, die Straße rechts vom Platz des Ankommens und Abfahrens.“ Sie zeigte mit dem Finger auf ein krummes Sträßchen.

„Olivia!“, keifte die Frau, die vorher von Weitem gerufen hatte. „Wie oft muss ich dir noch sagen, dass du nicht mit fremden Leuten sprechen sollst?“ Und ohne irgendjemanden zu grüßen, packte sie Olivia beim Arm und zog sie weg. „Herzlich willkommen!“, rief Olivia ihnen noch über die Schulter zu, bevor sie mit ihrer Mutter zwischen den anderen Reisenden verschwand.

Verwirrt und belustigt von dieser seltsamen Begegnung machten sich die Mamas und ihre drei Kinder auf den Weg zum Ausgang. Als sie auf den Platz vor dem Bahnhof traten, hielten sie vor Staunen die Luft an: Die Stadt war wunderschön.

Obwohl es ein bewölkter Wintertag war, leuchteten die Fassaden der Häuser wie ein Regenbogen nach dem Gewitter: rosa, kanariengelb, blau und wassergrün. Die Weihnachtsferien mussten schon begonnen haben, denn überall auf den Straßen waren Kinder mit ihren Eltern. Die drei Geschwister beobachteten zwei Papas und ein Mädchen, die auf der Eisbahn Fangen spielten, eine Mama und einen Papa mit kleinen Zwillingen, die eilig in ein Spielwarengeschäft liefen, und eine Mama mit drei Mädchen, die ganz in Wollschals gewickelt auf einer grünen Bank saßen und dampfende Röstkastanien aßen.

An der Mauer hinter der Bank klebte ein riesiges Plakat. Das war die einzige Stelle auf dem ganzen Platz des Ankommens und Abfahrens, die nicht bunt war. Auf dem Plakat war ein großes Foto von einem hageren, angegrauten Mann zu sehen, der mit zusammengekniffenen Lippen lächelte, einen Mundwinkel nach unten, einen nach oben gezogen. Er trug einen dunkelgrauen Anzug, ein hellgraues Hemd und eine Krawatte in einem Grauton irgendwo dazwischen.

Unter dem Foto prangte eine Aufschrift in riesigen Lettern: „Neuer Rekord: Seit fünf Jahren ist in R. nichts Schlimmes passiert. Frohe Weihnachten wünscht Ihr Bürgermeister." Gezeichnet: „Dr. Öde".

Was für ein komischer Name, dachte Camila, verzog das Gesicht und beeilte sich, zu ihrer Familie aufzuschließen, die gerade in die kleine Straße einbog, die Olivia ihnen auf dem Stadtplan gezeigt hatte.

Obwohl sie mit ihrem Berg von Koffern, Taschen und Rucksäcken nur langsam vorankamen, waren sie ganz schnell bei der Hausnummer 10 angelangt. Die Fassade des Hauses zog sich um die Straßenecke und war orange gestrichen, doch an vielen Stellen schauten unter der abblätternden Farbe rote Backsteine hervor. Die drei Kinder blickten nach oben, um ihre Fenster zu suchen. Ihre neue Wohnung lag im obersten Stockwerk, dem fünften.

DIE WINZIGE WOHNUNG

Nach genau einhundertvier Stufen hatten sie ihr Stockwerk erreicht. Die Wohnungstür gab beim Aufmachen ein quietschendes Geräusch von sich, und die Kinder stürmten hinein, während die Mamas noch das Gepäck heraufschleppten.

Eigentlich gab es hier nicht viel zu sehen: Die Wohnung war klein und kahl. Links kam man in die Küche, rechts in ein kleines Esszimmer mit einem alten Tisch und fünf Stühlen aus dunklem Holz mit ganz dünnen Beinen.

Groß war in dieser Wohnung nur der Kamin. Davor lagen ein eiserner Schürhaken und ein alter Teppich, auf dem ein Korb mit Feuerholz stand. Das Esszimmer hatte zwei Fenster: ein großes an der Wand und ein kleines Dachgiebelfenster zwischen den

Deckenbalken. An diesem Dachfenster hatte sich außen eine Eisschicht gebildet.

Manuel hauchte sich in die Hände und sah, wie seine Atemluft zu einem Wölkchen aus Dampf wurde.

„Zum Glück haben wir den Kamin! Und ganz viel Holz! Machen wir doch gleich ein Feuer!“, schlug Camila vor, die von den dreien am begeistertsten war. „Ich hab mir schon immer eine Wohnung mit Kamin gewünscht!“

„Gleich bin ich mit dem Gepäck fertig, dann zünden wir den Kamin an“, sagte Mama Dominique und bahnte sich einen Weg, um einen großen, graublauen Koffer mit abgenutzten Rollen hereinzuziehen.

Vom Esszimmer aus führte eine cremefarbene Tür mit einer Messingklinke voller Rostpünktchen in das einzige Schlafzimmer. Darin war gerade genug Platz für ein Doppelbett, zwei Strohhocker als Nachttischchen, einen kleinen Schrank und ein Etagenbett mit drei Stockwerken, alles krumm und schief.

Auf den Matratzen gab es weder Laken noch Decken.

„Heute Nacht schlafen wir alle zusammen im großen Bett, was meint ihr?“, schlug Mama Isabella vor. „Dann halten wir uns gegenseitig schön warm.“

„Hurraaah!“, jubelte Shonda, die in der Wohnung, in der sie vorher gewohnt hatten, nachts oft aus ihrem Zimmer geschlichen war und sich im Elternbett zwischen ihre Mamas gekuschelt hatte.

Isabella, Dominique und die Kinder kamen aus einem fernen Land, wo einige Wochen zuvor ein neuer Präsident gewählt worden war, der bestimmt hatte, dass Familien mit zwei Mamas und drei Kindern von nun an illegal seien. Aus diesem Grund waren sie Hals über Kopf weggezogen, sonst wären die Mamas ins Gefängnis gekommen und Manuel, Camila und Shonda in ein Waisenhaus.

„Was heißt das, dass wir jetzt illegal sind?“, hatte Camila gefragt, und die vierjährige Shonda war empört gewesen: „Ich will aber nicht in so ein weißes Haus gehen!“ Sie hatte dieses Wort noch nie gehört, spürte aber, dass sich dahinter etwas Schreckliches verbarg.

„Wirst du auch nicht“, hatte Mama Isabella sie beruhigt.

„Niemand geht irgendwohin ohne die anderen“, hatte Mama Dominique noch hinzugefügt.

Und dann hatten sie die Koffer gepackt, ihre Stadt und ihre Lieben verlassen und sich auf den Weg nach R. gemacht.

Da waren sie nun, im Weg der großen Kamine, und Manuel sah sorgenvoll aus dem Fenster: „Der Anfang hier wird schwer werden, so ganz ohne Freundinnen und Freunde."

„Wir haben doch gerade Olivia kennengelernt!", erinnerte ihn Camila, die zusammen mit Mama Dominique das Feuer im Kamin anzündete. Camila war zwei Jahre jünger als Manuel, aber sie liebte alles, was neu war, und ließ sich durch nichts aus der Ruhe bringen.

„Die war nett ...", fügte Shonda hinzu, die gerade ihren Teddy aus dem Rucksack holte, um ihn im großen Bett schlafen zu legen. „Und außerdem", sagte Camila mit Bestimmtheit, „stand auf dem Plakat vor dem Bahnhof, dass hier nie etwas Schlimmes passiert!"

DIE FLASCHENPOST

In R. geschah nie etwas Schlimmes. Dafür war die Stadt auf der ganzen Welt berühmt. Und genau deshalb hatten Isabella und Dominique sich diesen Ort ausgesucht. Was sie noch nicht wussten, aber bald entdeckten, war, dass nicht nur Olivias Mama, sondern auch alle anderen Menschen in R. eher unfreundlich waren. Als nämlich Isabella, Dominique und die Kinder bei der Wohnung nebenan klingelten, um sich vorzustellen, blieb die Tür zu.

„Warum machen sie nicht auf, Mama?“, fragte Shonda verwirrt.

„Vielleicht sind sie nicht zu Hause“, antwortete Isabella zögernd.

„Doch, ich habe ein Auge im Guckloch gesehen!", protestierte Shonda.

„Ob sie uns nicht mögen?", fragte Manuel besorgt.

„Das glaube ich nicht. Wahrscheinlich sind sie gerade mit Weihnachtsvorbereitungen beschäftigt", sagte Camila.

„Camila hat recht", beendete Mama Isabella die Diskussion. „Was haltet ihr davon, wenn wir uns auch auf Weihnachten vorbereiten ... mit einem köstlichen warmen Kakao?" Alle rannten begeistert die Treppen hinunter und ins nächste Café.

Stellt euch bloß die Überraschung vor, als sie an einem der Tischchen, diesmal in Begleitung einer alten Dame, ausgerechnet das Mädchen sahen, das sie mit diesem komischen motorisierten Koffer angefahren hatte: Olivia!

„Hallo, Olivia!", begrüßte Shonda sie lächelnd.

Das Mädchen wandte sich zu ihnen um, lächelte strahlend zurück und wollte gerade etwas antworten, als die ältere Frau neben ihr, vielleicht ihre Oma, sie böse anfunkelte. Sofort drehte Olivia den Kopf weg und starrte auf die kleine Flasche Heidelbeersaft, die vor ihr stand.

Manuel, Camila und Shonda sahen sich ratlos an und setzten sich an einen anderen Tisch. Hatte Olivia vielleicht immer noch Ärger wegen der Sache mit dem Koffer?

Als der Kellner kam, um die Bestellung aufzunehmen, wünschte Dominique ihm einen guten Abend, aber er antwortete nicht und sah noch nicht einmal hoch. Den Stift auf den Notizblock gerichtet, wartete er darauf, dass sie ihm sagten, was sie wünschten. Etwas eingeschüchtert bestellte Dominique fünfmal heiße Schokolade. Wenig später stellte der Kellner, wieder ohne ein Wort zu sagen, die Tassen auf ihrem Tisch ab und ging wieder weg. Was war nur los? Isabella und Dominique blickten sich fragend an. Warum sprach niemand ein Wort mit ihnen?

Als Olivias Oma aufstand, um zu zahlen, blieb Olivia einige Schritte hinter ihr. Mit scheinbar gleichgültiger Miene stellte sie im Vorbeigehen ihr Saftfläschchen auf dem Tisch der Kinder ab. Es war nun leer bis auf einen kleinen, zusammengerollten Zettel, den Olivia heimlich hineingesteckt hatte.

Als sie ihre Oma an der Kasse eingeholt hatte, drehte sie sich um und zwinkerte den dreien zu, die sie mit offenen Mündern anstarrten.

„Das ist eine Flaschenpost!“, flüsterte Shonda. Manuel und Camila nickten verschwörerisch. Kaum hatten Olivia und die Oma das Café verlassen, drehte Camila die Flasche um und fischte den Zettel heraus, der gerade mal so groß war wie eine Busfahrkarte. Sie strichen ihn vorsichtig glatt und alle fünf, sogar Shonda, die noch gar nicht lesen konnte, reckten die Hälse und beugten sich über das Zettelchen, das auf beiden Seiten mit einer klitzekleinen Schrift beschrieben war.

Seid mir nicht böse, dass ich euch nicht gegrüßt habe! In R. sprechen Erwachsene nicht mit Fremden, denn wenn man Fremde kennenlernt, können viele unerwartete Dinge passieren. Dr. Öde sagt, wenn wir wollen, dass in R. nie etwas Schlimmes passiert, dann müssen wir darauf achten, dass überhaupt gar nichts passiert. Aber ich mag Überraschungen und finde euch sehr nett! Ich darf nicht mit euch sprechen, wenn ich mit Erwachsenen zusammen bin, aber ihr findet mich und andere Kinder auf dem CB-Funkkanal 38B.

Die Nachricht war mit einem O und einem Pünktchen dahinter unterschrieben. Darunter hatte Olivia noch zwei kleine Kreise gezeichnet, die wie Räder aussahen.

„Wer ist Dr. Öde?“, fragte Mama Isabella.

„Der Bürgermeister von R.“, antwortete Camila, die sich an das riesige Plakat erinnerte, das sie am Morgen auf dem Platz gesehen hatte. „Und was ist ein CB-Funk-kanal?“, fragte Shonda neugierig.

Die Geschwister und Mama Isabella sahen sich ratlos an. Sie hatten keine Ahnung. Aber Mama Dominique wusste es.

„CB-Funk, den habe ich als Kind benutzt. So konnte ich mit meinen Geschwistern beim Spielen von der einen zur anderen Seite des Hügels kommunizieren“, erzählte sie. „Das ist ein Funk für alle. Zwei Leute wählen einen Kanal aus und können dann miteinander sprechen.“

„Wie beim Telefonieren?“, fragte Manuel.

„So ungefähr“, antwortete Dominique. „Nur dass man über Funk, anders als mit dem Telefon, nicht gleichzeitig sprechen kann. Man muss immer warten, bis die andere Seite fertig ist.“

Sie überlegte kurz, dann fuhr sie fort: „Aber ich wusste nicht, dass es auch ‚B-Kanäle' gibt. Das muss ein geheimer Kanal sein."

Die Kinder strahlten. „So ein Funkgerät zu haben, wäre toll! Vielleicht können wir unseren Brief an den Weihnachtsmann noch ändern und ihn fragen, ob er uns eins bringt", schlug Shonda vor.

Ihre Geschwister nickten, und als sie wieder zu Hause waren, war das Erste, was sie taten, einen neuen Brief zu schreiben. In zwei Tagen war Weihnachten, und sie wussten nicht, ob der Weihnachtsmann es noch schaffen würde, ihr Geschenk umzutauschen. Aber sie fanden, dass es einen Versuch wert war, und übergaben Mama Isabella den Brief zum Einwerfen.

Der erste Tag in R. hatte viel mehr Überraschungen gebracht als erwartet, aber all das war nichts im Vergleich zu dem, was noch geschehen sollte im Weg der großen Kamine Numero 10, im fünften Stock.

DIE NEUE ARBEIT

Am Morgen des 23. Dezember ging Isabella zum Hauptpostamt von R., wo sie eine Anstellung als Briefträgerin gefunden hatte. Zu Beginn ihres ersten Arbeitstages wartete schon eine schwere braune Ledertasche vollgestopft mit Post auf sie, die sie mit dem Fahrrad überall in der Stadt austragen sollte. In der einen Hand den Stadtplan, in der anderen den Fahrradlenker, radelte sie durch die Stadtviertel von R., um Weihnachtskarten, Zeitschriften mit glänzenden Titelbildern, Päckchen, Einladungen, Bücher und Briefe aller Art zu überbringen.

Es war eine Arbeit, auf die sie sich gefreut hatte: „Bestimmt werde ich ganz schnell viele Menschen kennenlernen!“, hatte sie zu Dominique gesagt.

Doch der erste Tag war eine Enttäuschung: Immer, wenn sie an den Türen klingelte, um die Post abzugeben, machten ihr die Leute vom Fenster aus ein Zeichen, sie auf die Türschwelle zu legen, in den Briefkasten zu werfen oder unter der Tür durchzuschieben.

Genau wie Olivia in ihrer Nachricht geschrieben hat, sagte sich Isabella. *Sie gehen mir aus dem Weg, weil sie mich nicht kennen.*

Abends um sieben, als sie gerade nach Hause zurückkehren wollte, bemerkte sie, dass ganz unten in der Tasche noch ein Brief übrig geblieben war.

Das Kuvert war rosa, die Adresse in Blau in einer altmodischen Handschrift mit Schnörkeln geschrieben, und der Stempel auf der goldenen Briefmarke war unleserlich. Isabella war das lange Radfahren leid und freute sich darauf, endlich heimzukommen. Sie las die Anschrift und hoffte, dass es nicht allzu weit weg sein würde ... unglaublich! Der Brief war für jemanden in ihrer Straße. Sogar im selben Haus! So ein Glück. Und für wen?

Da standen drei Namen: Manuel, Camila … und Shonda?! Ihre eigenen Kinder! Ungläubig suchte Isabella nach dem Absender, aber die Buchstaben waren verblichen und nicht zu entziffern.

Wer konnte ihnen geschrieben haben? Sie waren ja gerade erst umgezogen und hatten es noch nicht geschafft, allen Menschen, die ihnen wichtig waren, ihre neue Adresse zu geben. Obwohl Isabella vor Neugier brannte, entschied sie, dass der Brief von den Kindern selbst geöffnet werden musste.

Zu Hause empfing sie der köstliche Duft von Gemüsesuppe. „Hallo, mein Schatz!“, begrüßte sie Dominique freudig. „Mama!“, schrien die Kinder und umarmten sie. „Hallo, meine Süßen!“, sagte Isabella. „Was habt ihr heute gemacht?“

„Wir haben auf dem Markt eingekauft, das Telefon angeschlossen und mit Mama Dominique das Abendessen vorbereitet!“, erzählte Camila. „Und Manuel hat eine Tomate auf seinem Gesicht zerquetscht.“ Sie lachte.

„Kommt essen!“, rief Dominique ihnen zu und füllte die Suppe in Schüsseln.

„Vorsicht bei der Abfahrt des Speisewagens!“, schnarrte Isabella mit Lautsprecherstimme. Die Kinder sprangen an ihr hoch und hielten sich an ihren Schultern, Armen und Beinen fest.

Während sie ihre kostbare Fracht zu Tisch trug, schnaufte sie wie eine Dampflokomotive: So erreichten alle im selben Moment den Tisch und das Essen wurde nicht kalt.

„Kinder“, verkündete Isabella und setzte sich hin, „ich habe eine Überraschung für euch!“

Dominique lächelte ein wenig vorwurfsvoll. Manchmal vergaß Isabella, dass das Abendessen nicht der geeignete Moment für Überraschungen war, weil die Kinder nicht aßen, wenn sie abgelenkt waren.

„Was denn?“, fragten sie aufgeregt wie aus einem Munde. „Jetzt essen wir erst mal“, sagte Dominique und zwinkerte Isabella zu, „und dann hören wir, worum es geht, okay?“

Die drei Kinder tauchten gleichzeitig die Löffel in die heiße Suppe und begannen, mit Volldampf zu essen. „Fertig!!!“, schrien sie ein paar Minuten später im Chor und zeigten ihre leeren Teller vor.

„Jetzt wartet ihr noch, bis ich auch fertig bin“, sagte Mama Isabella.

„Beeil dich, Mama!“, protestierten die Kinder.

Als alle fertig waren, rief Dominique feierlich: „Trommelwirbel!“ Sie klopften mit den Händen auf den Tisch, während sich Mama Isabella betont langsam mit der Serviette den Mund abwischte. Sie machte es gern spannend.

„Heute“, hob sie an, „als ich die ganze Post verteilt hatte, fand ich tief unten in der Tasche versteckt noch einen ganz besonderen Brief.“ „Für wen denn, Mama?“, fragte die kleine Shonda mit leuchtenden Augen.

„Also ...“ Isabella zog den Umschlag aus ihrer Jackentasche und räusperte sich: „Dieser Brief ist für ... Manuel, Camila und Shonda Greco-Aiden! Kennt ihr die zufällig?“

„Das sind doch wir!“, schrie Manuel und nahm ihr den rosa Umschlag aus den Händen. Ungeschickt versuchte er, ihn am geklebten Rand zu öffnen, doch Camila rief: „Pass auf, so kann er zerreißen!“, und nahm ihn ihm weg.

Mit der strengen Miene einer Expertin öffnete sie den Umschlag vorsichtig am oberen Flügel, zog einen elfenbeinfarbenen Briefbogen heraus und hielt ihn ihrem Bruder hin. Er war derjenige von den dreien, der am besten lesen konnte.

„Von wem ist er? Wer hat ihn uns geschickt?“, fragte Shonda aufgeregt.

Manuel las laut und deutlich: „Lieber Manuel, liebe Camila, liebe Shonda, ich bin ...“ Hier machte er eine Pause und riss die Augen auf: „... ich bin DER WEIHNACHTSMANN!“

DER FLIEGENDE UMSCHLAG

„Der Weihnachtsmann hat uns wirklich geantwortet?!“, fragte die kleine Shonda atemlos. Manuel las weiter: „Ich habe euren Brief erhalten, obwohl ihr ihn erst im letzten Moment abgeschickt habt. In den vergangenen Jahren hat die Nordpolpost (NPP) große Fortschritte gemacht und ich bin sehr stolz darauf. Ich danke euch für die freundlichen Dinge, die ihr mir geschrieben habt; die Weihnachtsfrau und ich haben uns sehr darüber gefreut. Ich kann euch nicht sagen, ob ihr bekommt, was ihr euch gewünscht habt. Das wird eine Überraschung! Eurer Nachricht habe ich aber entnommen, dass ihr erst kürzlich nach R. gezogen seid. Das hat die Weihnachtsfrau und mich auf eine Idee gebracht. Würdet ihr uns am 24. Dezember helfen, die Geschenke für alle Kinder in eurer neuen Stadt zu verpacken?“

„Alle?“, fragte Dominique und sah Isabella groß an. Manuel las weiter, ohne den Blick auch nur für eine Sekunde von dem Brief zu heben. „Wenn ihr und eure Mamas einverstanden seid, schicke ich euch morgen zehn meiner Elfen, und ihr könnt euch gleich zusammen an die Arbeit machen.“

„Morgen?!“, wiederholte Isabella alarmiert.

„Zehn?“, rief Shonda begeistert, aber Manuel las unbeirrt weiter.

„Der Umschlag, in dem ich euch diesen Brief schicke, ist ein fliegender Umschlag, das neueste Experiment der NPP. Er wurde für äußerst dringende Mitteilungen entwickelt; also schreibt bitte eure Antwort auf ein Blatt Papier und steckt es hier hinein. Liebe Grüße, euer Weihnachtsmann.“

Als Manuel mit Lesen fertig war, herrschte einen Moment lang Stille. Hatten sie wirklich einen Brief vom Weihnachtsmann bekommen? Oder war das ein Scherz? Wie konnte der Weihnachtsmann in der Zeit des Jahres, in der er am meisten zu tun hatte, so schnell antworten?

Die Mütter dagegen dachten: *Wie schaffen wir es, in*

einer so kleinen Wohnung in so kurzer Zeit so viele Geschenke zu verpacken?

Die kleine Shonda war als Einzige unbesorgt. Sie nahm den Brief vom Weihnachtsmann und drückte ihn an ihr Herz. Währenddessen reichten sich Manuel und Camila den rosa Umschlag, den der Weihnachtsmann „fliegend“ genannt hatte, hin und her und betrachteten ihn eingehend, konnten aber nichts Besonderes an ihm entdecken. Als sie ihn vorsichtig in die Luft warfen, landete er sanft auf dem Tisch, wie es jeder andere Umschlag auch getan hätte.

Shonda brach als Erste die Stille: „Soll ich ein Blatt für unsere Antwort holen?“

„Was wollt ihr denn antworten?“, fragte Dominique.

„Dass wir einverstanden sind! Man kann dem Weihnachtsmann doch nicht Nein sagen!“, antwortete Camila ohne zu zögern.

„Natürlich kann man dem Weihnachtsmann Nein sagen!“, erwiderte Isabella.

„Man kann immer Nein sagen, egal wem, wenn man etwas nicht will“, fügte Mama Dominique hinzu.

„Aber ich will die Elfen sehen!“, rief Shonda.

„Und wo sollen sie alle sitzen?“, fragte Manuel voller Sorge und sah sich um.

„Der Weihnachtsmann weiß, wo wir wohnen“, meinte Camila kurzerhand. „Wenn er uns gefragt hat, wird er dafür schon eine Lösung haben.“

Inzwischen hatte Shonda Papier und Stift geholt. „Schreib!“, befahl sie Manuel und reichte ihm beides.

„Lieber Weihnachtsmann“, begann er feierlich. „Vielen Dank, dass du uns so schnell geantwortet hast. Wenn wir das Funkgerät bekommen, freuen wir uns sehr, aber in jedem Fall wollen wir euch helfen, die Geschenke für die Kinder von R. einzupacken. Unsere Wohnung ist zwar klein, aber wenn du deine Elfen schicken willst, erwarten wir sie mit Freude und werden von Herzen gern mit ihnen zusammenarbeiten.“

Und an seine Geschwister gewandt fügte er hinzu: „Jetzt kommen die Unterschriften.“

Die drei unterschrieben; Shonda noch etwas krakelig, denn sie hatte erst vor wenigen Tagen gelernt, ihren Namen zu schreiben. Camila faltete das Blatt sorgfältig, steckte es in den Umschlag und verschloss ihn wieder. Kaum war sie mit dem Zeigefinger am Rand des Flügels entlanggefahren, als Leben in den Umschlag kam. Er schwebte über dem alten Tisch in der Luft, drehte sich um, und auf seiner Rückseite kam die Adresse zum Vorschein, die erst so verblichen und unleserlich gewesen war:

Weihnachtsmann – Nordpol – HOH OHO.

Unter den staunenden Blicken aller erhob sich der Brief, drehte sich noch einmal um sich selbst, wie um Anlauf zu nehmen, und schlüpfte dann durch den Fensterspalt hindurch, ließ das kalte Dachgeschoss hinter sich und flog entschlossen gen Norden.

Einen Moment lang hielten die Greco-Aidens den Atem an. Dann stürzten die Kinder zum Fenster, doch der Brief war längst in der Dunkelheit verschwunden.

WEIHNACHTSMANN
NORDPOL
HOH OHO

ÜBERLEGUNGEN

Normalerweise musste Mama Dominique die Kinder, wenn es Schlafenszeit wurde, mehrmals auffordern, sich die Zähne zu putzen und den Pyjama anzuziehen. Doch nicht an diesem Abend: Manuel, Camila und Shonda wollten unbedingt über das sprechen, was passiert war, und hatten sich in Windeseile bettfertig gemacht und die Schlafzimmertür hinter sich geschlossen.

Im Bett schlüpften sie dicht nebeneinander unter die Bettdecken, aber keineswegs mit der Absicht einzuschlafen. Sie sahen sich an und warteten darauf, dass einer von ihnen das Wort ergriff.

Manuel kratzte sich mit dem Zeigefinger am Kopf und flüsterte: „Warum hat der Weihnachtsmann ausgerechnet uns um Hilfe gebeten? Wir kennen hier doch niemanden, sind gerade erst angekommen ...“

„Vielleicht hat er vor uns auch jemand anders gefragt", unterbrach ihn Camila. „Vielleicht ...", wiederholte Manuel und sah dabei aus wie ein Detektiv bei einer besonders kniffligen Ermittlung.

„Jemanden, der Nein gesagt hat?", fragte Shonda ungläubig und hielt eine kleine Taschenlampe auf ihre Geschwister gerichtet.

„Denkt mal an Olivias Nachricht", sagte Manuel. „Wer in R. würde zehn Fremde in seine Wohnung lassen, um Geschenke für zehntausende völlig Unbekannte zu verpacken?"

Camila nickte zustimmend. „Die Eltern der anderen Kinder hätten nie und nimmer Ja gesagt!"

„Deshalb hat der Weihnachtsmann uns geschrieben", überlegte die kleine Shonda laut. „Wir sind seine einzige Möglichkeit ..."

Einen Moment lang waren alle drei Kinder still in ihre eigenen Gedanken vertieft. Dann sah Shonda die anderen mit großen Augen an. „Wir werden ihn nicht im Stich lassen, stimmt's?"

Ihre Geschwister schüttelten heftig die Köpfe und die

drei versprachen sich wortlos, die Mission, mit der der Weihnachtsmann sie betraut hatte, um jeden Preis auszuführen.

In diesem Moment bewegte sich die Türklinke nach unten. Shonda knipste die Taschenlampe aus, und die drei Geschwister legten sich schnell hin und stellten sich schlafend. Unter den Bettdecken fassten sie sich klammheimlich bei den Händen und kurz darauf waren sie wirklich eingeschlafen.

Auch der zweite Tag in R. war aufregend gewesen, aber es war sehr spät geworden und alle drei waren erschöpft.

DER MORGEN VOR WEIHNACHTEN

Als sie am 24. Dezember morgens aufwachten, schien ihnen der Brief vom Weihnachtsmann so weit weg wie ein Traum. Es hatte die ganze Nacht geschneit, und es kam ihnen vor, als sei R. völlig menschenleer, so still war es. Dominique machte gerade das Frühstück, als Isabella aus dem Schlafzimmer kam. Ihre Postuniform hatte sie schon angezogen.

„Guten Morgen, Mama“, begrüßten die Kinder sie schläfrig. „Guten Morgen“, antwortete Isabella und schlüpfte in ihre wasserdichten Stiefel.

Sie musste heute besonders früh zur Arbeit gehen, denn Heiligabend ist für Briefträgerinnen der wichtigste Tag des Jahres.

„Wer weiß, ob unsere Antwort es bis zum Nordpol geschafft hat?“, fragte Shonda nachdenklich.

Manuel sah aus dem Fenster. „Es hat viel geschneit, vielleicht ist der Umschlag nass geworden und war dann zu schwer zum Fliegen.“ „Wenn es der modernste Briefumschlag der NPP ist“, erwiderte Camila, „wurde er bestimmt extra zum Fliegen bei Schnee entwickelt.“

Camila hatte recht und die Geschwister nickten, während sie ihre Lieblingskekse in die Milch tunkten.

Dann gab Dominique jedem von ihnen einen kleinen Weihnachtsmann aus Schokolade. „Weil heute Heiligabend ist“, sagte sie lächelnd.

Die Kinder strahlten. „Frohen Heiligabend, liebe Mamas!“, riefen sie im Chor und begannen sofort mit dem Auswickeln.

Immer, wenn eine ihrer Mamas ihnen Süßigkeiten gab, aßen Manuel, Camila und Shonda um die Wette. Diesmal gewann Camila.

Isabella und Dominique stießen mit ihren Kaffeetassen an. „Auf ein zauberhaftes Weihnachtsfest für uns alle, und möge die Stadt R. uns viel Liebe und Glück bringen!“, sagte Isabella feierlich. Dann küsste sie ihre Kinder und ihre Frau und öffnete die Wohnungstür, um loszugehen. „Einen schönen Tag, Mama!“, wünschten die drei, noch mit vollen Mündern.

„Einen schönen Tag, ihr Lieben!“, antwortete sie und trat ins Treppenhaus. Sie hatte die Wohnungstür schon fast hinter sich zugezogen, als sie beim Blick die Treppen hinab erstarrte.

„Was ist los?“, fragte Dominique besorgt. Isabella senkte die Stimme zu einem Flüstern: „Ich glaube, da kommt ... Besuch.“

Im Bruchteil von Sekunden drängelten sich die Kinder durch die Wohnungstür ins Treppenhaus und blickten nun auch nach unten.

Das Schauspiel, das sich ihnen bot, hatte etwas Unglaubliches. Eine Schar kleiner, fröhlicher Elfen hatte auf den Stufen eine Kette gebildet und reichte sich Kartons in den unterschiedlichsten Größen weiter.

Sie hatten grüne Stoffkittel und kegelförmige, rote Mützen an, unter denen spitze Ohren hervorlugten. Zwei von ihnen trugen einen langen Holztisch, auf dem noch mehr Kartons, ein Weihnachtsbaum und sogar ein kleines Elfenmädchen standen.

Das Treppenhaus, das ihnen noch am Vorabend so kalt erschienen war, war nun prachtvoll weihnachtlich dekoriert. An den Wänden hatten die Elfen Girlanden, Schleifen und Sterne aufgehängt, und durch die beiden Fenster fiel ein wundersames Licht, das die Szene noch zauberhafter wirken ließ.

Shonda konnte sich vor Staunen ein „Oooh" nicht verkneifen. Da stellten die Elfen die Kartons augenblicklich ab und hoben wie auf Kommando den Blick.

ZEHN ELFEN

Die Elfen stellten sich nacheinander vor.
„Ich bin Robert“, sagte der Erste.
„Ich heiße Romina!“, rief die Zweite.
„Ich Rudy“, sagte der Dritte.
„Sehr erfreut, Raphaëlle!“, stellte die vierte Elfe sich vor.
„Raynold“, sagte der Fünfte.
„Rachel“, fügte die Sechste hinzu.
„Hallo, ich bin Roy!“, sagte der Siebte.
„Erfreut, Rose“, lächelte die Achte.
„Ich heiße Rowan“, fuhr der Neunte fort.
„Und ich Roxanne“, sagte die Letzte.

Es waren zehn. Genau wie der Weihnachtsmann geschrieben hatte. Isabella und Dominique waren sprachlos. Die Elfen machten sich wieder an die Arbeit und hatten, ehe die fünf sich die Augen reiben konnten, um sicher zu sein, dass sie nicht träumten, schon alles in die Wohnung getragen.

Die winzige Wohnung im fünften Stock, in die noch vor zwei Tagen kaum ihr Gepäck gepasst hatte, schien mit jedem Gegenstand, den die Elfen hereintrugen, größer zu werden.

Jeder Karton hatte ein Etikett mit einer Aufschrift: *Tesa, Schleifen, Geschenkpapier, Fahrzeuge, Puppen, Baukästen, Musikinstrumente, Bücher …*

Manuel, Shonda und Camila gingen von Karton zu Karton und lasen die Aufschriften, bis Raphaëlle und Rowan von der Tür aus den langen Tisch weiterreichten. Wie im Märchen passte er nicht nur genau durch die Tür, sondern hatte zum maßlosen Erstaunen aller genau die richtige Größe für dieses Zimmer.

Die beiden Mamas waren immer noch sprachlos, während die Kinder zwar staunten, aber gleichzeitig vergnügt aussahen.

Als die Glocken der nahen Kirche neunmal schlugen, erschrak Isabella. „Ich muss mich beeilen!“, rief sie. „An meinem zweiten Arbeitstag darf ich auf keinen Fall zu spät kommen. Bis später, Liebste! Äh … und viel Glück!“, fügte sie hinzu, ehe sie hinausstürmte.

Noch bevor sich Dominique von ihr verabschieden konnte, war sie schon weg, die Treppen hinunter und zum Postamt gerast.

Dominique zwang sich, Ruhe zu bewahren. „Warum schickt ihr die Geschenke eigentlich nicht vom Nordpol aus?“, fragte sie Romina, während die Elfe den langen Arbeitstisch aufstellte, den sie zum Verpacken der Geschenke brauchten.

„Bis vor einem Jahr“, erklärte Romina, „ist der Weihnachtsmann mit seinem Schlitten mit den Geschenken für alle Kinder auf der Welt immer vom Nordpol aus losgefahren.“

„Aber in den vergangenen Jahren ist der Schlitten zu schwer geworden“, fuhr Roxanne fort. „Und am Ende der Reise waren die Rentiere völlig entkräftet.“

„Oft mussten sie den Tag danach vor Erschöpfung mit Fieber im Bett verbringen!“, ergänzte Robert.

„Also“, führte Rachel aus, „hat die Weihnachtsfrau dieses Jahr beschlossen, es anders zu machen und einige Familien an verschiedenen Orten der Welt um Hilfe zu bitten.“

DIVERSE DEKO
MUSIKINSTRUMENTE
TESA
BÜCHE
BAUKÄSTEN
LEITER
CHENKPAPIER
FAHRZEU

„Heute werden die Rentiere zum ersten Mal in der Geschichte den Nordpol mit einer viel leichteren Ladung verlassen“, erklärte Rudy. „In jeder Stadt werden sie an einem Haus vorbeikommen, in dem sie die Geschenke für alle Kinder in der näheren Umgebung abholen.“

„Moment mal!“ Der kleinen Shonda fiel etwas ein. „Heißt das, der Weihnachtsmann persönlich kommt mit seinem Schlitten und seinen Rentieren hierher, zu uns nach Hause, und holt die Geschenke ab?“

„Klar!“, schaltete sich Romina ein, die kleinste Elfe, die kurz zuvor im Treppenhaus auf dem Tisch gestanden hatte.

„Und wir können ihn treffen?“, fragte Manuel ungläubig.

„Ja, wenn ihr wollt“, antwortete Rudy und rückte sich die runde Brille auf der Nase zurecht. Die drei Kinder sahen sich begeistert an. Sie würden den Weihnachtsmann sehen! Und den Schlitten! Und die Rentiere!

Inzwischen hatten die blonde Rose und Raphaëlle mit dem langen, geflochtenen Zopf ihre spitzen, roten Kappen gegen kleine, braune Fliegerhauben und Schutzbrillen mit bunt schillernden Gläsern vertauscht.

Plötzlich schwiegen die Elfen still, stellten sich im Kreis auf und nahmen sich gegenseitig und auch die Kinder und Mama Dominique bei den Händen.

Roxanne verkündete: „Es ist 9:30 Uhr. In genau zwölf Stunden sind wir mit dem Weihnachtsmann verabredet."

„Und was sollen wir in diesen zwölf Stunden machen?", fragte Camila schüchtern.

„230 119 Geschenke verpacken", sagte Romina und überprüfte die Zahl noch einmal in ihrem Notizbuch.

„Das schaffen wir nie!", rutschte es Mama Dominique heraus.

„Klar schaffen wir das", antwortete Camila in aller Ruhe. „Für die Greco-Aidens ist nichts unmöglich."

„Aber vorher müssen wir genau eine Minute innehalten", sagte Rowan mit einem Blick auf die elegante Taschenuhr, die er aus seiner Brusttasche gezogen hatte.

„Was meinst du damit?", fragte Shonda.

„Bevor sich eine Gruppe in eine schwierige Aufgabe stürzt, sollten immer alle zusammen einen Moment innehalten", erklärte Robert mit dem adretten schwarzen

Kinn- und Oberlippenbart. „In dieser Minute fassen sich die Elfen an den Händen und bedanken sich dafür, gemeinsam ein neues Abenteuer bestehen zu dürfen."

„Wollt ihr eine Minute mit uns innehalten?", fragte der hellblonde Raynold.

„Jaaa!!!", riefen Camila, Shonda, Manuel und Dominique begeistert. Rowan zog die Uhr auf, und für sechzig Sekunden schlossen alle die Augen und teilten mit weit geöffneten Herzen jene Mischung aus Dankbarkeit, Aufregung und Angst, die dem Anfang jeder wichtigen Arbeit vorausgeht.

ACHTUNG, FERTIG, LOS!

Als der Zeiger der Taschenuhr die sechzigste Sekunde anzeigte, pfiff Rudy, und alle Elfen gingen an ihre Plätze: am Tisch, neben einem der Kartons, irgendwo im Zimmer. Rachel öffnete den Karton mit der Aufschrift *Leiter* und im Nu hatte sie eine Sprossenleiter aufgestellt, die ganz genau vom Fußboden bis zum Dachfenster reichte.

Sofort nahmen Roxanne und Robert ihre Positionen ein, eine auf der Leiter, der andere auf dem Dach.

„Los!“, schrie Rudy, und wie durch Zauberei begann das Fließband aus zehn Elfen, drei Kindern und einer Mama, Pakete zu fabrizieren.

Die Geschenke wurden nach Kategorien verpackt. Die Elfen begannen mit dem Karton *Fahrzeuge*. Nacheinan-

der entnahmen sie ihm Tretautos, Feuerwehrautos, Rennautos in allen Größen und Farben, Transporter, Busse und sogar ein paar Raumschiffe.

Jedes Fahrzeug wurde auf den Tisch gestellt, geprüft, ob es auch nicht kaputt war, dann in eine Geschenkpackung gelegt, eingewickelt, mit einer Schleife verziert und bekam zum Schluss ein Etikett mit dem Namen des Kindes.

Am Ende dieses ungewöhnlichen Fließbandes standen Rose und Raphaëlle. Sie waren für die Qualitätssicherung zuständig, die spannendste Phase von allen. Die Brillen, die sie dafür aufgesetzt hatten, waren gar keine Fliegerbrillen, sondern Röntgensichtgeräte, von niemand Geringerem als der Weihnachtsfrau selbst patentiert! Eingeschaltet strahlten sie ein grün fluoreszierendes Licht aus, sodass wer auch immer sie trug den Inhalt der Geschenkpäckchen sehen konnte. Durch ihre Spezialbrillen untersuchten die beiden Elfen jedes einzelne Paket mit sehr, sehr strengem Blick und kontrollierten, ob es sorgfältig eingewickelt war und genau das Gewünschte enthielt.

„Bevor es diese Röntgenbrillen gab“, hatte Rudy erklärt, „fanden die Kinder oft in ihren Paketen die falschen Geschenke.“

„Stellt euch vor, einmal bekam ein vierjähriges Mädchen Roberts Tube mit Rasierschaum geschenkt!“, lachte Roxanne, worauf Robert rot wurde und alle anderen in schallendes Gelächter ausbrachen.

Nach bestandener Qualitätskontrolle wurden die Pakete aufs Dach gebracht, wo der Weihnachtsmann sie um Punkt 21:30 Uhr abholen sollte. Alles lief wie am Schnürchen, und es schien, als könne nichts und niemand sie aufhalten.

DREI MISSTRAUISCHE FREMDE

Die Zeit verging schnell, und die schwankenden Paketstapel auf dem Dach wurden höher und höher.

Alle, sogar Mama Dominique, waren so vertieft in ihre Arbeit, dass sie nicht mitbekamen, wie sich auf der Straße eine kleine Gruppe Menschen versammelte, die alle mit den Nasen in der Luft zu ihrer Wohnung hinaufsahen. Nur Manuel bemerkte es.

„Mama“, sagte er und deutete auf die gegenüberliegende Häuserecke, „was machen die Leute da unten, und warum sehen sie so böse zu uns herauf?“ Dominique blickte aus dem Fenster: Da stimmte etwas nicht.

„Mach dir keine Sorgen, mein Schatz“, beruhigte sie ihn. „Ich gehe gleich runter und frage, was passiert ist, aber es wird nichts Schlimmes sein.“

Ohne eine Jacke anzuziehen, lief sie die Treppen hinunter.

Auf der Straße angekommen, wurde ihr klar, dass die Situation doch schlimm war. Zwar hatte seit ihrer Ankunft in R. niemand außer Olivia ein Wort mit ihnen gesprochen. Nun aber bauten sich, kaum dass sie vor die Haustür getreten war, zwei Männer und eine Frau vor ihr auf.

„Wohnen Sie hier?", fragte der grauhaarige Herr und fuchtelte mit dem Zeigefinger. Ohne eine Antwort abzuwarten, fügte er hinzu: „Darf man erfahren, was Sie da oben machen?" Er drehte den Kopf und wies mit seinem grauen Schnurrbart in Richtung der bunten Paketstapel, die das Dach des Hauses überragten.

„Mir ist bewusst, dass es absurd klingt, und vielleicht ist es das auch …", begann Dominique und berichtete von ihrem Umzug, dem fliegenden Umschlag, den Elfen, den Weihnachtsgeschenken, den erschöpften Rentieren und wie klein ihre Wohnung war, in der sie in diesem Moment zu dreizehnt mehr als zweihunderttausend Geschenke für alle Kinder von R. verpackten.

„Es tut mir leid, wenn wir Sie gestört haben“, schloss sie, „aber in ein paar Stunden kommt der Weihnachtsmann mit seinem Schlitten und nimmt alles mit.“

Der grauhaarige Herr und die anderen beiden hatten ihr zugehört, doch wenn sie vorher unfreundlich geschaut hatten, so war ihr Misstrauen im Laufe der Erzählung größer und größer geworden, und jetzt starrten sie Dominique feindselig an.

„Der Weihnachtsmann?!“, wiederholte die Dame im Pelzmantel, die gegenüber im Friseursalon gewesen war. „Meinen Sie das ernst?“

„Ja“, bestätigte Dominique. „Sobald er ankommt, fahren die Elfen an den Nordpol zurück.“

„Sie sind wohl in unser Land gekommen, um sich über uns lustig zu machen?“, schimpfte die Dame, blickte sich um und suchte nach Zustimmung, die sie mühelos fand. Der Dritte, ein kräftiger, schwarz gekleideter junger Mann, kam auf Dominique zu. „Wenn wir Sie ansprechen, ohne Sie zu kennen“, sagte er drohend, „dann liegt das daran, dass wir ziemlich sauer sind! Provozieren Sie uns nicht mit Ihrem Blödsinn!“

„Ich weiß, es klingt seltsam, aber ich versichere Ihnen, dass es kein Unsinn ist“, wiederholte Dominique sanft und legte sich dabei die Hand aufs Herz. Dann hatte sie eine Idee und sagte schwungvoll: „Kommen Sie zu uns herauf! Trinken Sie einen Tee mit uns und überzeugen Sie sich selbst!“

Aber das wollte niemand. Sie sagten ihr, dass sie sich lieber aus dieser absurden Geschichte und aus ihrer Wohnung heraushalten wollten. Dass es in dem Land, aus dem sie kam, vielleicht anders war, aber dass man in R. nicht in die Wohnungen fremder Leute ging und vor allem nicht in Wohnungen von Leuten, die Unsinn erzählten.

Dominique war darüber sehr betrübt. Ihr war bewusst, dass ihre Geschichte wirklich schwer zu glauben war, aber sie wünschte, wenigstens einer von ihnen täte es. Doch der grauhaarige Herr, die Dame im Pelzmantel und der schwarz gekleidete junge Mann entfernten sich und begannen an der Straßenecke zu tuscheln.

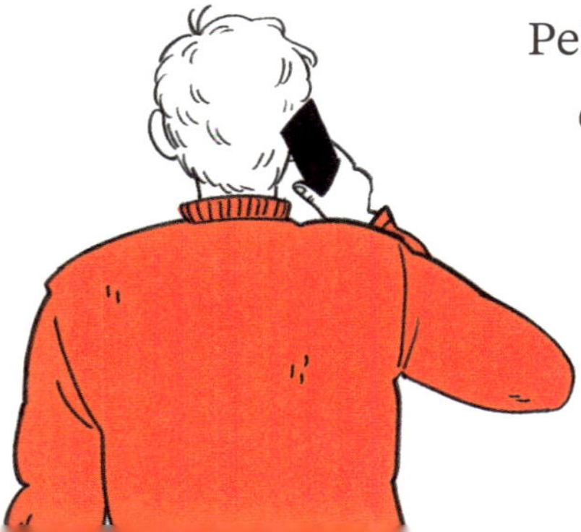

Schließlich nahm der junge Mann sein Handy und wählte eine Nummer. *Wen er wohl anruft?*, fragte sich Dominique und schloss die Haustür. Während sie die fünf Stockwerke hinaufstieg, war ihr, als stehe hinter jeder Wohnungstür jemand und beobachte sie durch den Spion.

Bestimmt haben alle die Szene am Fenster verfolgt und sind jetzt noch misstrauischer als vorher, dachte sie besorgt. In der fünften Etage angekommen, rieb sich Dominique mit beiden Händen das Gesicht. Sie wollte nicht, dass die Kinder sie so verstört sahen. Als sie in die Wohnung trat, merkte Manuel trotzdem sofort, dass etwas nicht stimmte. Camila und Shonda dagegen waren ganz in ihre Arbeit vertieft und stellten am laufenden Band Päckchen her, die sich auf dem Ziegeldach des Hauses festlich anhäuften.

„Alles in Ordnung, mein Schatz“, sagte Dominique zu ihrem Sohn. „Wie weit sind wir mit den Geschenken?“

„Noch 43 812 Päckchen!“, antwortete Camila.

„Wir kommen gut voran, müssen aber noch schneller werden“, erklärte Rudy. „In drei Stunden muss alles fertig sein.“

UNERWARTETER BESUCH

Zehntausend Geschenke warteten noch darauf, verpackt zu werden, da klopfte es energisch an der Wohnungstür. „Polizei!", ertönte eine Männerstimme. „Aufmachen!"

Die Kinder und die Elfen sahen Dominique erschrocken an. „Macht euch keine Sorgen", versuchte Dominique sie zu beruhigen und ihre eigene Angst im Zaum zu halten. „Das wird einfach nur eine Kontrolle sein. Oder vielleicht möchte man uns in R. willkommen heißen."

Dann holte sie tief Luft und ging zur Tür, um zu öffnen. Im Treppenhaus standen zwei Polizisten: einer mit einem Schnauzbart wie ein Walross und buschigen Augenbrauen, die seine Augen fast ganz bedeckten; der andere größer, mit dunklen Haaren, die unter der Uni-

formmütze hervorquollen, und Gesichtszügen, die ihr irgendwie bekannt vorkamen.

„Guten Abend, die Herrschaften“, grüßte Dominique. „Wie kann ich Ihnen behilflich sein?“

„Sie sind Frau Greco-Aiden?“, erkundigte sich streng der Kleinere, der aber derjenige mit dem höheren Dienstgrad sein musste.

„Ja, ich bin Dominique Greco-Aiden.“

„Wir haben eine Meldung aus der Nachbarschaft erhalten“, fuhr der andere Polizist fort, der gutmütig aussah. „Wir müssen eine Durchsuchung vornehmen. Es wird nicht lange dauern. Können wir eintreten?“

„Ähhh ... ja, sicher“, stammelte Dominique und versuchte, Zeit zu gewinnen. „Aber ... was ist Ihnen denn gemeldet worden? Die Elfen?“

Die Polizisten sahen sie verblüfft an. „Wir drei sind wohl etwas zu erwachsen, um noch an Elfen zu glauben, finden Sie nicht?“, antwortete der mit dem Schnauzbart. Ohne darauf zu warten, dass Dominique ihn hereinließ, schob er sich an ihr vorbei in die Wohnung, dicht gefolgt von seinem Untergebenen.

Dominique schloss für einen Moment die Augen und versuchte, sich zu konzentrieren. *Was lasse ich mir jetzt bloß einfallen?* Während sie nach einer Möglichkeit sann, die Gegenwart der Elfen und all dieser Pakete in ihrem Haus zu rechtfertigen, wurde ihr bewusst, dass es im Nebenzimmer merkwürdig still war. Man hörte weder Stimmen noch Geräusche, bis auf die schweren, langsamen Schritte der beiden Polizisten, die den alten Holzfußboden knarren ließen.

Zögernd ging Dominique zum Esszimmer hinüber, wo bis vor wenigen Momenten noch das blanke Chaos geherrscht hatte. Zu ihrer riesigen Überraschung entdeckte sie, dass das Zimmer ... völlig leer war!

Da war nichts als der alte Tisch, die fünf Stühle, der Schürhaken, der Korb mit dem Feuerholz und der alte Teppich vor dem Kamin.

Die Spielsachen, die Kartons, die Leiter, der Tesafilm, die Bänder, das Geschenkpapier, die Elfen – sogar die Kinder waren verschwunden! Obwohl es ihre eigene Wohnung war, sah Dominique sich mit viel größerer Neugierde um als die beiden Polizisten. Wo steckten sie nur alle?

DAS INDIZ

„Mir scheint alles in Ordnung zu sein“, sagte der Polizist mit dem gutmütigen Blick zu dem Strengen.

„In der Tat“, bestätigte sein Kollege enttäuscht und suchte weiter nach einem Indiz. Er hatte sehr gehofft, bei der Durchsuchung Beweise für Straftaten irgendwelcher Art zu finden, denn seit fünf Jahren war in R. nichts Schlimmes mehr passiert, und die Polizisten hatten ziemlich wenig zu tun.

„Wunderbar“, sagte Dominique, die ungeduldig darauf wartete, dass die Polizisten wieder gingen, damit sie herausfinden konnte, wo die Kinder geblieben waren. „Danke, dass Sie vorbeigekommen sind. Ich begleite Sie noch zur Tür.“ Sie machte sich auf den Weg zur Wohnungstür, als sie auf einmal über eine der Röntgenbrillen zum Prüfen der Geschenke stolperte und fast hingefallen wäre. „Und das hier?“, frohlockte der Polizist mit dem Schnauzbart. Er hob die Brille mit einem Bleistift auf, um keine Fingerabdrücke zu hinterlassen. „Was mag das sein?“ „Das ist …“, begann Dominique, noch ohne zu wissen, was sie antworten sollte.

In diesem Moment kam Isabella von der Arbeit heim und erschrak furchtbar, als sie feststellte, dass die Kinder nicht zu Hause waren, dafür aber zwei Polizisten. „Ist etwas passiert?“, fragte sie Dominique mit einem Kloß im Hals.

Dominique umarmte sie und flüsterte ihr ins Ohr: „Nichts Schlimmes, glaube ich, nur dass die Kinder vor fünf Minuten mit den Elfen und allen Geschenken verschwunden sind.“

Der Polizist mit dem Schnauzbart räusperte sich und schwenkte die Röntgenbrille hin und her, um wieder darauf aufmerksam zu machen. Isabella hatte die Brille zwar noch nie gesehen, setzte sie nun aber auf, um ihrer Frau beizuspringen: „Das ist die Skibrille unserer Tochter Camila“, sagte sie mit fester Stimme. „Sie fährt für ihr Leben gern Nachtski“, fügte sie hinzu, als sie das grüne Licht wahrnahm, das von dieser seltsamen Maske ausging. Der Polizist mit dem Schnauzbart holte aus seiner Jackentasche eine durchsichtige Tüte wie sie verwendet werden, um Beweismaterial am Tatort zu sichern, und forderte Isabella per Handzeichen auf, die seltsame Brille hineinzulegen. Dann sah er sie finster prüfend an: „Wie alt ist Ihre Tochter?“ „Sieben Jahre“, erwiderte Isabella stolz. „Haben Sie noch weitere Kinder?“, fragte der Polizist mit dem gutmütigen Blick. „Ja, insgesamt drei“, erklärte Isabella. „Manuel, Camila und Shonda.“ „Alle minderjährig?“, fragte der strenge Polizist. „Ja“, antwortete diesmal Dominique zaghaft. Sie merkte, dass die Fragen auf kein gutes Ende zusteuerten. „Und wo sind sie in diesem Moment?“, forschte der Polizist nach.

Die Mamas hatten nicht die leiseste Ahnung. Hilflos zuckten sie die Schultern. Sie spürten schon, dass sie in der Klemme saßen, noch bevor der mit dem Schnauzbart zufrieden die Worte aussprach, die zu sagen er sich seit fünf Jahren so sehnlich wünschte: „Sie müssen mit zur Wache kommen.“

Wenige Minuten später hatten Isabella und Dominique die Wohnungstür hinter sich geschlossen und stiegen nun mit hängenden Köpfen die einhundertvier Stufen ihres Hauses hinab. Der ranghöhere Polizist ging bester Stimmung voraus, der mit dem gutmütigen Blick folgte ihnen.

Am Polizeibus angekommen, ließen die Polizisten sie auf dem Rücksitz Platz nehmen und verriegelten die Wagentüren, die sogar vergitterte Fenster hatten.

Der mit dem Schnauzbart ließ sich schwungvoll am Steuer nieder, der andere setzte sich neben ihn.

Gerade waren sie in die Straße der berechtigten Hoffnungen eingebogen, als sie eine Gruppe Pfadfinderinnen überholten, die mit Schneeschaufeln über den Schultern im Gänsemarsch spazierten.

„Fahr mal langsamer, bitte“, sagte der Gutmütige zu seinem Kollegen am Steuer. „Ich glaube, ich habe gerade meine Tochter gesehen.“ Sein Kollege sah ihn feindselig an: Er hatte nicht die geringste Lust, auf dem Weg zur Polizeiwache langsamer zu fahren. „Bitte!“, insistierte der Erste. Der Polizeibus hielt am Straßenrand, und der Gutmütige ließ die Scheibe herunter. „Hallo, mein

Schatz!“, rief er. „Paa-paa!“, antwortete ein Mädchen von Weitem. Beim Klang dieser Stimme wurden Isabella und Dominique hellhörig. Was hätten sie darum gegeben, auch von ihren Kindern gerufen zu werden! Die beiden versuchten, durch das vergitterte Fenster zu sehen, doch von Manuel, Camila und Shonda keine Spur. Was ihnen auffiel, war aber der Gegensatz zwischen diesen schwatzenden Kindern, die fröhlich von ihrer Mission heimkehrten, und den Erwachsenen, die gekommen waren, um sie abzuholen, und abgekapselt am Straßenrand bei beschlagenen Fenstern in ihren Autos warteten. *Sie steigen noch nicht einmal aus, um sich frohe Weihnachten zu wünschen!*, wunderte sich Isabella. Inzwischen war der gutmütige Polizist aus dem Wagen gestiegen und seiner Tochter entgegengegangen, die ihm um den Hals fiel. Dann hob er kurz den Arm, wie um seinen Kollegen am Steuer zu bitten, noch einen Moment zu warten, und folgte dem Mädchen ins Pfadfinderinnenheim.

Der Bärtige im Wagen stieß ein Grunzen aus, während Isabella und Dominique mit den Tränen kämpften.

Im Pfadfinderinnenheim angekommen, deponierten die Kinder die Schneeschaufeln in einem großen Geräteschrank. Sie waren auf einem Freiwilligeneinsatz gewesen und trugen Uniformen mit dicken, hellgrünen Flanellhemden, roten Halstüchern und warmen, dunkelgrünen Hosen, die an den Beinen etwas weiter waren. Einige hatten beigefarbene, mit bunten Abzeichen übersäte Schärpen auf der Brust.

„Guck mal, Papa!“, rief das Mädchen und zeigte dem Vater ihre roten Hände. „Ich habe heute tonnenweise Schnee geschippt für die Leute im Altenheim, und nebenbei …“, dabei zeigte sie auf ein geheimnisvolles Ding, „… habe ich diese Einwickelmaschine für Geschenke erfunden. Aber niemand wollte sie haben, da hab ich sie selbst mitgenommen. Schau mal, sie funktioniert so.“ Und damit setzte sie einen kuriosen Mechanismus in Gang, bestehend aus einer Bohrmaschine, einem Fahrradreifen, einem Hocker, einer Metallplatte, einer Rolle goldenem Geschenkband und einem Blatt rotem Papier. Die Maschine spuckte einige etwas grob verpackte Geschenke aus. Sie war aber trotzdem beeindruckend,

und der Polizist war sehr stolz auf seine Tochter.

„Großartig!“, sagte er. „Aber jetzt müssen wir nach Hause, mein Kollege wartet draußen auf uns.“

Die kleine Pfadfinderin baute ihre Erfindung im Handumdrehen ab, nahm sie unter den Arm und folgte ihrem Vater.

„Guten Abend, Olivia!“, grüßte sie der bärtige Polizist etwas spöttisch, als er sie sah. Isabella und Dominique sahen sich verblüfft an: Hatten sie richtig gehört? Hatte er „Olivia“ gesagt? Ob es die Olivia mit dem Koffermobil war? Die mit der Flaschenpost? Das Mädchen nahm neben ihrem Vater auf dem Vordersitz Platz. „Guten Abend, Herr Winzel!“, sagte sie fröhlich. Sie hatte noch gar nicht bemerkt, dass hinten auch jemand saß.

Als Isabella und Dominique sie sahen, fassten sie sich an den Händen und drückten fest zu, plötzlich voller Hoffnung. Sie war es.

AUF DEM WEG ZUR WACHE

Erst nachdem sie losgefahren waren, bemerkte Olivia die beiden Frauen auf dem Rücksitz. Als sie dem Blick von Isabella und Dominique begegnete, war sie sehr überrascht, drehte sich aber sofort wieder um, sah nach vorn und tat so, als habe sie sie nicht erkannt.

„Jetzt fahren wir zu Hause vorbei, dann gehst du zu Mama und ihr erwartet mich zum Abendessen, in Ordnung?“, sagte der gutmütige Polizist zu Olivia.

Der Fahrer stöhnte entnervt und schüttelte den Kopf, sagte aber nichts.

Betont gleichgültig fragte Olivia ihren Vater: „Warum, wo fährst du hin?“

„Zur Polizeiwache, mein Schatz“, antwortete er.

POLIZEI
HO HO HO 2412

„Haben diese Frauen ... etwas Schlimmes getan?", fragte Olivia so leise wie nur möglich nach.

„Nichts, worüber du dir Sorgen zu machen brauchst! Sie haben ihre Kinder aus den Augen verloren und wir müssen Ermittlungen einleiten."

„Wir haben sie nicht ‚aus den Augen verloren'!", protestierte Dominique. „Sie waren zu Hause bei mir und zehn Elfen waren auch da."

Dominique erzählte den Polizisten nun von dem Brief, in dem die Kinder den Weihnachtsmann um ein CB-Funkgerät gebeten hatten, von seiner Antwort, von ihrer Wohnung, die wie durch Zauberhand groß geworden war, von den 230 119 Geschenkpäckchen, von der Verabredung mit dem Weihnachtsmann um 21:30 Uhr und dem wundersamen Verschwinden der Elfen, der Kinder und der ganzen Ausrüstung für die Geschenke, kaum dass die beiden Polizisten die Wohnung betreten hatten. Leider war richtig, gab Dominique zu, dass sie keine Ahnung hatte, wohin die Kinder in diesem Moment verschwunden waren. Aber sie hatte sie nicht „aus den Augen verloren" und war ohnehin sicher, dass sie bei den Elfen waren.

„Schon wieder diese Geschichte mit den Elfen …“, murrte der Bärtige hinterm Steuer.

Tatsächlich hätte auch Isabella diese verrückte Geschichte nicht geglaubt, hätte nicht ihre Frau sie erzählt und hätte sie die Elfen nicht mit eigenen Augen gesehen.

Nicht so Olivia: Als sie den Bericht hörte, zeigte sich in ihrem Gesicht sofort ein aufgeregtes Staunen. *Was für eine unglaubliche Geschichte!*, dachte sie. *Ich wusste vom ersten Moment an, dass diese Kinder besonders sind … wenn ich ihnen doch nur helfen könnte!*

Als Dominique zu sprechen aufgehört hatte, stotterte der Motor vor Kälte, und den beiden Mamas war, als räuspere sich nun auch der Wagen voller Skepsis.

Verzweifelt blickten sie sich an. Sie waren aus ihrem Land geflohen, um ihre Familie in Sicherheit zu bringen, weit weg von Kasernen, Gefängnissen, Waisenhäusern und Wachen, und vor allem, um sich nie von ihren Kindern trennen zu müssen. Und jetzt, nur wenige Tage nach ihrer Ankunft, saßen sie ohne die Kinder in diesem vergitterten Polizeibus.

Dominique sah aus dem Fenster. Draußen war es dunkel und es begann wieder zu schneien. Die Leute in den Häusern bereiteten sich aufs Weihnachtsfest vor.

Isabella legte ihr den Arm um die Schultern. „Alles wird gut, Liebste“, flüsterte sie. Ihre Frau sah ihr in die Augen und streichelte sie sanft.

Diese traurige Stille wurde von der Stimme des gutmütigen Polizisten unterbrochen, der zu seinem Kollegen sagte: „Bitte hier rechts abbiegen und dann gleich links, dann können wir Olivia rauslassen. Die Adresse ist Straße der Heldinnen des Tages Numero 1.“

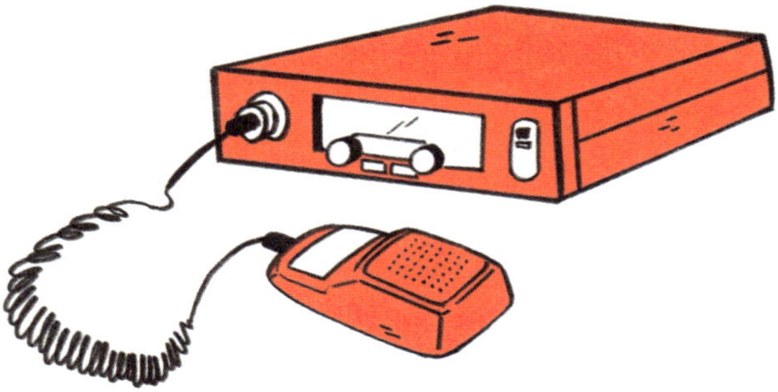

DENK NACH, OLIVIA!

Der Polizeibus hielt, und der gutmütige Polizist ließ Olivia aussteigen. Sie nahm die Teile ihrer Einwickelmaschine und ging zur Haustür. Ihr Vater warf ihr noch einen Luftkuss zu.

„Hoffen wir mal, dass die Elfen sie nicht verschwinden lassen!", scherzte der strenge Polizist und lachte so laut, dass die Federung seines Ledersitzes bebte.

Vor der Haustür drehte sich die kleine Pfadfinderin noch einmal um. Bevor sie hineinging, suchten ihre Augen die von Isabella, die aus dem Wagenfenster sah. War es nur Einbildung oder versuchte dieses temperamentvolle Mädchen gerade, ihr etwas mitzuteilen? Olivia sah noch ein paar Sekunden lang intensiv zu ihr herüber, deutete dann ein Lächeln an und verschwand schnell hinter der schweren Haustür.

Von der Straße aus bemerkten sie, wie nach einer Weile das Licht in einem Fenster des Hauses anging. Zwei Sekunden später erschien Olivia am Fenster und winkte ihrem Vater zu. So versicherte sich der Polizist, dass seine Tochter ohne Zwischenfälle in der Wohnung angekommen war. „Vorsicht ist das Wichtigste im Leben!“, sagte er ihr oft, um sie zu einer guten Bürgerin von R. zu erziehen. „Aber auch Abenteuer!“, antwortete Olivia dann immer, seit sie drei Jahre alt war.

Der Wagen fuhr an, und das Mädchen sah, wie er auf der weißen Straße im Licht der Laternen langsam in Richtung Polizeiwache schlitterte.

„Jetzt ist es 20:01 Uhr“, sagte Olivia zu sich selbst. „Nach der Erzählung ihrer Mama kommt der Weihnachtsmann in weniger als eineinhalb Stunden.“

Sie setzte sich an den Schreibtisch, öffnete ihr Tagebuch und notierte: „Der geheimnisvolle Fall der Elfen im fünften Stock“. Darunter schrieb sie die gesamte Erzählung von Dominique auf und rief sich jedes Detail in Erinnerung, Wort für Wort. Dann kreiste sie mit einem farbigen Filzstift alles ein, was ihr wichtig erschien: Funkgerät, fliegender Umschlag, Geschenke,

Treppe, Dach, drei Fremde, Weihnachtsmann, Polizei. *Denk nach, Olivia, denk nach … Aus dem fünften Stock kann man nicht weglaufen, außer über die Treppe oder übers Dach … Ob sie über das Dach geflohen sind? Und wohin?* Olivia holte ihren Stadtplan und stellte fest, dass die Nummer 10 im Weg der großen Kamine an ein altes, verlassenes Haus grenzte, das letzte Gebäude in der Gasse der falschen Indizien.

„Das ist wahrhaftig ein perfektes Versteck, und leicht vom Nachbardach aus zu erreichen ist es auch“, murmelte sie, während sie das schmale Gässchen mit einem Vergrößerungsglas betrachtete. „Auf jeden Fall ist das eine Fährte“, fügte sie hinzu, „die einzige, die ich zurzeit habe, und ich muss ihr folgen. Aber nicht allein!“

Sie zog ihren Helm, Handschuhe und eine Motorradbrille über und stieg, ohne dass ihre Mutter sie hörte, die Treppen zur Garage hinunter. Dort wartete ihr treuer viersitziger Schlitten auf sie. Er war feuerrot, mit weißen Sternen übersät und hatte zwei lange Holzkufen und einen elektrischen Motor, der hinten mit zwei riesigen Ventilatoren verbunden war. Olivia legte die Einzelteile ihrer neuen Einwickelmaschine unter ihren

Sitz und stieg an Bord. In der Mitte des Armaturenbrettes befand sich ein Funkgerät. Olivia schaltete es ein und stellte es auf Kanal 38B. Ein kurzes, metallisches Rauschen ertönte.

„Parole Lila. An alle. Parole Lila!“, rief sie. Nach einem Störgeräusch war eine krächzende Kinderstimme zu hören: „Hier Pablo, kommen.“ Ein paar Sekunden später übertrug das Funkgerät eine weitere Stimme: „Aisha, kommen.“ Und noch eine: „Tom, kommen.“ Darauf wiederholte Olivia: „Parole Lila. Ich hole euch in vier Minuten und drei Sekunden auf dem Platz der erfüllbaren Missionen ab. Ende.“ Dann drückte sie den Startknopf ihres Gefährts und fuhr los. Ein paar Häuserblocks weiter warteten auf dem Gehsteig vor einem Springbrunnen mit gefrorenem Wasser drei Kinder, alle in Pfadfinderinnenuniform und Halstuch. Als Olivia am Straßenrand hielt, fragte Pablo aufgeregt: „Parole Lila?! Was ist passiert?“ „Ich erzähle euch alles unterwegs“, sagte Olivia hastig und forderte sie mit einer Handbewegung auf, einzusteigen. Pablo, Aisha und Tom sprangen an Bord, und der Schlitten startete mit Rückenwind Richtung Weg der großen Kamine Numero 10.

DAS GRÜNE GESCHENKBAND

Vor dem fünfstöckigen Haus parkte Olivia den Schlitten auf der Straße. Die Kinder warteten, bis jemand aus der Haustür kam, um sich dann schnell ins Haus zu schmuggeln. Oben im Treppenhaus angekommen, löste Aisha eine Anstecknadel von ihrem Halstuch und sagte zu den anderen: „Bei ‚Drei' rüttelt ihr so stark an der Tür, wie ihr könnt!"

Dann steckte sie die Nadel vorsichtig ins Schloss und rief: „Drei!"

So war Aisha – manchmal etwas zu stürmisch! –, aber Olivia, Pablo und Tom wussten das und waren auf alles gefasst, wenn sie sich etwas vorgenommen hatte. Also rüttelten sie auf ihr Kommando so kräftig an der alten Tür, wie sie nur konnten. Kurz darauf öffnete sie sich, zu Aishas großer Zufriedenheit.

Drinnen begannen Pablo, Tom und Aisha, sich umzusehen. Olivia verschwand im Esszimmer, um das kleine Fenster zu suchen, das aufs Dach hinaufführte. „Es gibt keine Treppe“, stellte sie fest, „wir nehmen das Seil.“ Tom holte aus seinem Rucksack ein Kletterseil, an dessen einem Ende ein Haken befestigt war, schleuderte es hoch und machte es an einem Balken fest, direkt neben dem Fenster. Flink wie Eichhörnchen kletterten die Kinder nacheinander hinauf und waren im Nu auf dem Dach. „Hier entlang, schnell!“, rief Olivia und leuchtete mit ihrer Taschenlampe in die Gasse der falschen Indizien hinunter.

Das verlassene, mit Unkraut zugewachsene Haus war unheimlich. Von der Dachterrasse aus drangen sie durch eine wurmstichige Tür in die erste Wohnung ein. Innerhalb von Minuten hatten sie die dunklen, feuchten Räume des Hauses abgesucht, fanden aber keine Spur von Elfen, Kindern, Paketen, Röntgenbrillen oder sonstigen Dingen aus der fantastischen Geschichte, die ihnen Olivia während der Schlittenfahrt erzählt hatte.

Zurück im Esszimmer von Manuel, Camila und Shonda bemerkte Olivia, dass Pablo ein grünes Geschenkbändchen in der Hand hielt. „Wo hast du das gefunden?“, fragte sie ihn. „Auf dem Dach, es lag oben auf dem Schornstein. Ich habe es für meine kleine Schwester mitgenommen. Warum?“ Olivia war in Gedanken. *Was hatte Geschenkband auf dem Schornstein zu suchen?* Dann wandte sie sich an Aisha und strahlte: „Denkst du das Gleiche wie ich?“ „Weg der großen Kamine!“, antwortete Aisha. „Wieso haben wir nicht gleich daran gedacht?!“ Es war 21:05 Uhr. In 25 Minuten würde der Weihnachtsmann da sein.

Die vier rannten zum Kamin und blickten in das Abzugsrohr hinauf, aber darin war es stockdunkel und sie konnten überhaupt nichts erkennen. Also lösten sie ihre Halstücher und banden sie sich so um den Kopf, dass Mund und Nase bedeckt waren. Sie sahen aus wie eine verwegene Bande aus dem Wilden Westen.

„Nimm mich auf die Schultern, schnell!“, befahl Pablo Aisha. Und so hangelte er sich hinauf in den Kamin und begann, mit den Fingern zu tasten. „Ich fühle eine Schleife!“, schrie er. „Einen Stiefel!“ Und dann: „Da ist ein

Ellbogen!“ „Zieh! Zieh!“, riefen Olivia, Tom und Aisha, die ihn trug und seine Beine eng an sich drückte. Und Pablo zog.

Eine Lawine aus Elfen, Kindern und Geschenken ergoss sich mit unbeschreiblichem Lärm ins Zimmer, zusammen mit einer gewaltigen Wolke aus schwarzem Ruß. Einen Moment lang sahen sie nichts. Nur ein großes Husten war zu hören. Dann setzte sich der Ruß allmählich, und aus dem Paketgestöber tauchten die Elfen auf. Alle waren von den Ohrspitzen bis zu den Füßen mit einer dicken, schwarzen Rußschicht bedeckt. Die Erste, die sich wieder gesammelt hatte, war Shonda: „Wo sind unsere Mamas?“, fragte sie und sah sich suchend um. „Deine Mamas sind in Sicherheit“, antwortete Olivia. „Sie haben mich hierhergeschickt, um euch bei der Übergabe der Pakete an den Weihnachtsmann zu helfen. Sie kommen bald zurück.“

„Wow!“, raunten Tom und Aisha und versuchten, die Elfen von den Kindern zu unterscheiden.

„Olivia?!“, jubelte Manuel, der die Stimme dieses rußschwarzen Mädchens wiedererkannt hatte. „Hallo, du musst Manuel sein“, grüßte sie ihn und band sich das

Tuch vom Gesicht. „Das sind Aisha, Tom und Pablo."

„Freut mich! Ich bin Camila", stellte sich Camila vor. „Das ist Shonda. Und das ...", sagte sie und zeigte auf die Elfen, „... sind Rudy, Robert, Rose, Raphaëlle, Roxanne, Rachel, Roy, Raynold, Romina und Rowan."

„Danke, dass ihr uns befreit habt", seufzte Romina erleichtert und schüttelte ihre spitze Mütze.

„Das Versteck hat funktioniert", stellte Rose fest, deren Idee es gewesen war. „Wären wir nicht stecken geblieben, sodass wir uns keinen Millimeter mehr bewegen konnten ... es wäre perfekt gewesen", kommentierte Rudy und streckte sich.

Da rief Rowan, dem es endlich gelungen war, seine Taschenuhr vom Ruß zu befreien: „Es ist 21:11 Uhr! Wir schaffen es nicht mehr, die Pakete fertig zu haben, bis der Weihnachtsmann kommt. Guckt mal, sie sind ganz schmutzig!"

Aber Manuel, Camila und Shonda hatten sich gegenseitig versprochen, diese Mission um jeden Preis zu Ende zu bringen. „Natürlich schaffen wir das!", widersprach Camila und lächelte Rowan zu. „Aber vorher müssen wir eine Minute innehalten." Alle bildeten einen

Kreis und hielten sich an den Händen, um sich darauf einzuschwören, diese neue Herausforderung zusammen mit vier weiteren Verbündeten anzugehen. Nach sechzig Sekunden waren die Pakete und die Gesichter noch immer tiefschwarz, aber nun war Olivia klar, was sie zu tun hatte.

„Wir müssen den Schlitten holen!“, sagte sie so bestimmt, dass niemand mehr Fragen stellte. Zusammen liefen sie hinunter und schafften es, das Gefährt in weniger als drei Minuten die einhundertvier Stufen hinaufzuschleppen. Zurück in der Wohnung dachte Olivia einen Moment lang scharf nach. Dann richtete sie die großen Ventilatoren des Schlittens mithilfe von viel Erfindungsgabe und einem Schraubenzieher ins Innere des Raumes. „Haltet euch fest!“, warnte sie die Gruppe. Als sie diesmal den Einschaltknopf drückte, wirbelte ein starker Wind durch den ganzen Raum. Einen Moment lang fürchteten die anderen, dass das Haus abheben würde; dann flogen die Fenster weit auf und der Wind fegte den Ruß von den Geschenken, den Haaren, den Gesichtern, den Schuhen und den Kleidern. Es war wie eine stille, großartige Explosion.

21:30 UHR

Nun leuchteten die Pakete wieder so bunt wie vorher. Die Elfen bildeten eine neue Kette, um alle Päckchen auf dem Dach bereitzulegen, während die Kinder die restlichen Geschenke verpackten.

Zum Glück hatte Olivia auf ihrem Schlitten die Einwickelmaschine mitgebracht! Zwar war das Ergebnis nicht immer das allerbeste – das war schon den Leuten vom Altenheim aufgefallen –, doch da die Zeit sehr drängte, waren alle mehr als zufrieden.

Die gemeinschaftliche Arbeit lief perfekt: Camila hielt die Geschenkeliste in der Hand, Shonda holte das Geschenk, Pablo steckte es in die Schachtel, Manuel platzierte die Schachtel in der Einwickelmaschine, Aisha schrie „Drei!“, wenn ein Geschenk aus der Maschine kam, und warf es Rudy zu, der es den Elfen auf die

Leiter reichte, die es wiederum aufs Dach zu den anderen legten.

Dann und wann holperte der Mechanismus der Einwickelmaschine, aber Olivia und Tom brachten ihn mit einem Tropfen Öl, einem Stups oder einer Umdrehung mit dem Schraubenzieher wieder in Ordnung.

Um 21:28 Uhr schrie Aisha „Drei!" und warf Rudy das letzte Paket zu. Sie hatten es geschafft! Nun stiegen alle aufs Dach, um den Weihnachtsmann zu erwarten.

Es hatte aufgehört zu schneien, der Himmel war wieder klar und die verschneiten Dächer von R. glänzten im Mondschein. Es war bitterkalt, aber die Kinder waren viel zu aufgeregt, um es zu bemerken: Sie konnten kaum fassen, dass sie nun jeden Moment den Weihnachtsmann sehen würden.

Um 21:29 Uhr fassten sich Tom, Shonda, Pablo, Aisha, Camila, Olivia und Manuel an den Händen. Ein paar

Sekunden später hörten sie von fern erst das Getrappel von Hufen, dann eine tiefe Stimme, die „Ho ho ho!“ rief.

Um 21:30 Uhr blickten sie zum Mond. Man hörte ein Gebimmel, und am Himmel erschien die unverwechselbare Silhouette des Weihnachtsmannes auf seinem Schlitten, der von sechs prächtigen Rentieren gezogen wurde. Was für ein Spektakel! Als das himmlische Gespann näherkam, rissen die Kinder ihre Augen auf und sahen endlich all das, was sie sich immer nur vorgestellt hatten: den weichen weißen Pelzrand, der die Kleidung des Weihnachtsmannes säumte, die Handschuhe, mit denen er die Zügel der Rentiere festhielt, das wunderschöne Zaumzeug der Rentiere und den roten, goldverzierten Schlitten, der so glänzte wie die Augen der Kinder, die ihn im Licht des Vollmondes bewunderten.

„Brrr!“, rief der Weihnachtsmann mit seiner tiefen, sanften Stimme, als er das Dach des Hauses im Weg der großen Kamine Numero 10 erreicht hatte.

„Guten Abend, Kinder!“, grüßte er und sah Shonda, Olivia, Tom, Pablo, Aisha, Manuel und Camila der Reihe nach an. „Vielen Dank für eure Hilfe! Ohne euch würden die Kinder von R. diese Weihnachten kein einziges Geschenk bekommen.“

Dann wandte er sich den Elfen zu. „Guten Abend, liebe Elfen! Ihr wart wieder einmal großartig, wie jedes Jahr“, sagte er lächelnd.

Die Elfen beluden im Handumdrehen den Schlitten, und der Weihnachtsmann wollte gerade die Zügel wieder aufnehmen, als Olivia sich ihm näherte, um ihm etwas ins Ohr zu flüstern. Der Weihnachtsmann nickte, dann hob er ab.

DOKTOR LEICHTFUSS

Der mit den Geschenken beladene Schlitten flog über die Schornsteine von R. und verschwand in der Nacht, während es wieder leise zu schneien anfing. Alle kletterten über die Leiter zurück in die Wohnung. Hier begannen die Elfen auf einen Pfiff von Rudy zusammenzutragen, was von ihrer unglaublichen Unternehmung übriggeblieben war.

„Müsst ihr wirklich sofort los?", fragte Shonda etwas traurig. Sie sehnte sich danach, ihre Mamas endlich wieder zu umarmen. „Ja, leider", sagte Raphaëlle. „Morgen müssen wir zum Weihnachtsessen am Nordpol sein." „Könntet ihr vielleicht den Tisch und die Stühle hierlassen?", fragte Olivia. „Klar! Die könnt ihr gern behalten, zum Dank für eure Gastfreundschaft und Hilfe", willigte Rudy ein. Als die Elfen mit dem Aufräumen fertig waren, umarmten sie der Reihe nach jedes Kind und sprangen dann wieselflink die Treppen hinunter.

„Aber was sollen wir mit einem so langen Tisch und all diesen Stühlen machen?“, fragte Manuel. „Wir sind Weihnachten nur zu dritt. Nicht einmal unsere Mamas sind da.“

„Macht euch keine Sorgen!“, entgegnete Olivia. Dann winkte sie Tom, Pablo und Aisha zu sich heran. Die vier rückten zu einem Kreis zusammen und tuschelten ein paar Minuten lang. Als sie den Kreis wieder öffneten, war klar, dass sie einen Plan geschmiedet hatten.

„Können wir euer Telefon benutzen?“, fragte Olivia.

„Na klar!“, antwortete Camila. Tom nahm das Telefon, legte ein Tuch auf das Mikrofon des Hörers und wählte die Nummer seiner Eltern.

„Hallo?“, begann er mit der Stimme eines ernsten, stark erkälteten Erwachsenen. „Hier spricht Doktor Leichtfuß. Ich rufe Sie an, weil es Ihrem Sohn Tom nicht gut geht. Ich habe ihm auf der Straße Erste Hilfe geleistet und sah mich gezwungen, ihn zu mir heraufzuholen, damit er sich etwas aufwärmt. Er kann nicht allein nach Hause zurück; Sie müssten bitte zu mir kommen und ihn abholen. Leider ist er sehr schwach, und, wenn Sie mich als hochspezialisierten Arzt mit vielen Doktortiteln fragen, muss er sofort von der Schokoladentorte essen, die Sie für heute Abend vorbereitet haben, um den Heimweg ohne Lebensgefahr zu überstehen. Ohne die Torte schafft es Ihr Sohn vielleicht nicht! Beeilen Sie sich!“

Dann gab er die Adresse durch und legte auf. Den gleichen Anruf wiederholte er noch dreimal: bei Olivias Mama, einem von Aishas Papas und dem Papa von Pablo. Sie bat er entsprechend, den Spinatauflauf, die überbackenen Nudeln und den Braten mitzubringen.

„Wollen wir den Tisch decken?“, schlug Tom nach dem letzten Telefonat zufrieden vor.

Die Kinder begannen, alles auf den Tisch zu stellen, was sie im Haus hatten. Sie bastelten auch Dekorationen aus Geschenkband und Papierresten, die die Elfen bei ihnen vergessen hatten. So entstand ein wunderschön gedeckter Tisch, auf den alle sehr stolz waren. Doch auch das reichte nicht, um Manuel, Camila und Shonda aufzuheitern, die immer noch nicht wussten,

wo ihre Mamas waren und wann sie zurückkommen würden.

Olivia bemerkte es. „Ich verspreche euch, dass eure Mamas diesen Heiligabend zusammen mit uns feiern werden. Glaubt mir, alles wird perfekt." Sie hatte kaum zu Ende gesprochen, da klingelte es auch schon an der Tür. Pablo sah aus dem Fenster: Es waren Aishas Papas. In einiger Entfernung tauchten die Mama und der Papa von Tom auf und gleich dahinter ... sein eigener Papa und seine kleine Schwester.

Der Plan war aufgegangen. Die geladenen Gäste waren im Anmarsch, und jeder hielt das von Doktor Leichtfuß verlangte Gericht in den Händen.

FROHE WEIHNACHTEN!

Als die Eltern von Tom, Aisha, Olivia und Pablo die einhundertvier Stufen bis in den fünften Stock hinaufgestiegen waren, wurde ihnen sehr bald klar, dass die Kinder ihnen einen Streich gespielt hatten und dass es keinen Doktor Leichtfuß gab. Sie hatten nicht die geringste Ahnung, warum sie hierherbestellt worden waren, und wollten nur so schnell wie möglich wieder weg.

Die Erwachsenen von R. hatten sich abgewöhnt, in Gesellschaft zu sein. In dem geschützten Leben, das sie sich aufgebaut hatten, fühlten sie sich von allen bedroht, die nicht zur Familie gehörten. Deshalb versuchten sie, jeden Kontakt zu Fremden auf ein Minimum zu reduzieren. Folglich waren sie alle sehr verärgert über diesen Streich.

„Gehen wir los?“, sagte Olivias Mama unwirsch. „Dein Vater kommt bald nach Hause. Dieser Heiligabend war schon chaotisch genug, findest du nicht?“

„Auf geht's!“, brummte einer von Aishas Vätern. „Das wird noch ein Nachspiel haben!“

„Du Lausebengel!“, fauchte der Vater von Pablo und packte ihn am Arm. „Deinetwegen hätte ich fast einen Herzinfarkt bekommen!“

„Findest du das etwa lustig?“, fragte Toms Mutter drohend.

An diesem Punkt ergriff Manuel das Wort: „Es tut uns leid, wenn wir Ihnen einen Schreck eingejagt haben. Aber wir haben heute Abend das Weihnachtsfest für alle Kinder von R. gerettet, und wenn Ihre Kinder nicht gewesen wären, hätten meine Schwestern und ich das niemals geschafft.“ Und er erzählte alles, was passiert war.

„Olivia, Tom, Pablo und Aisha waren Heldinnen!“, sagte Camila. „Bitte seien Sie nicht böse!“

„Sie haben euch gebeten, etwas zu essen mitzubringen, weil sie uns am Heiligabend nicht alleinlassen wollten. Unsere Mamas sind nicht da, und wir wissen nicht, wo sie sind“, erklärte Shonda mit einer Stimme, der man die Verzweiflung deutlich anhörte.

Die Erwachsenen sahen sich an: Nun konnten sie diese drei Kinder nicht mehr guten Gewissens alleinlassen. Um die Verlegenheit zu überspielen, fasste sich Pablos Vater ein Herz, sagte Olivias Mama, dass ihr Spinatauflauf köstlich dufte und fragte sie nach dem Rezept. Daraufhin machte Olivias Mama der Mama von Tom Komplimente für ihr Kleid, und einer von Aishas Papas erzählte der kleinen Schwester von Pablo einen Witz. Sie lachte so ansteckend, dass niemand ein Lächeln unterdrücken konnte. Ganz allmählich begannen alle miteinander zu plaudern. Sie hatten ganz vergessen, wie schön es war, mit anderen zusammen zu sein. Jemand machte den Ofen an, um den Braten aufzuwärmen, jemand anders schnitt das Brot in Scheiben, noch jemand anders öffnete eine Flasche Wein, und ehe sie sichs versahen, saßen sie alle fröhlich am Tisch.

Da bemerkten sie, dass vier Plätze frei geblieben waren. „Für wen sind eigentlich diese Stühle?“, fragte Camila und zeigte darauf.

Sie hatte ihre Frage kaum gestellt, da hörten sie schon das mittlerweile vertraute Gebimmel, gefolgt von Hufgetrappel, das immer näherkam. Und dann eine unverwechselbare Stimme: „Ho ho ho!“

Alle drehten sich zum Fenster, hinter dem der Weihnachtsmann auf seinem feuerroten, goldglänzenden Schlitten auftauchte: Neben ihm saß Olivias Papa, und auf der Rückbank entdeckten sie … niemand anderes als Isabella und Dominique! Man sah ihnen an, dass sie es kaum fassen konnten, dass sie gerade auf dem Schlitten des Weihnachtsmannes über die Stadt geflogen waren.

„Mamas!!!“, schrie Shonda.

„Liebste Kinder!“, riefen Isabella und Dominique gerührt.

Im Nu wurde der Rennschlitten auf dem Dach geparkt und die Mamas sprangen ab und schlossen ihre Kinder in die Arme.

Dann stiegen Olivias Papa und zuletzt der Weihnachtsmann ab. Für ihn war der Ehrenplatz am Tisch reserviert.

Bevor der Weihnachtsmann sich setzte, hob er sein Glas. Als alle leise waren, sprach er feierlich: „Auf die Freundschaft in der Stadt R.! Und auf den Mut, unsere Häuser und Herzen für das zu öffnen, was wir nicht kennen!“

Sie ließen die Gläser klingen, und alle riefen: „Frohe Weihnachten!“

„Frohe Weihnachten“, sagte auch der Weihnachtsmann. „Ho ho ho!“

ENDE

Gasse des verbindlichsten Dankes

Dank an den kalten, grauen Mai, den Rom mir geschenkt hat, und an die Dachwohnung in Trastevere, wo ich die erste Fassung dieser Geschichte geschrieben habe. Dank an meine Schwester, meine Eltern, meine Cousinen und Tanten: Eure Liebe überwindet Ozeane und erreicht mich, wo auch immer ich bin, wie ein Kaminfeuer, das mir jederzeit ein Gefühl von Geborgenheit gibt.

Dank an Samuele für die Mischung aus Liebe und außergewöhnlichem Talent, die du seit Jahren in unsere gemeinsamen Projekte steckst. Dank an Verena, dass du dich mit riesiger Begeisterung, unendlicher Geduld und Hingabe in dieses Buchprojekt gekniet hast.

Dank an Silvia, Gaia, Raffaele, Luca, Stéphanie und Anna, dass ihr bei mir wart, als ich euch am meisten brauchte. Dank allen kleinen und großen Leserinnen, die mich unterwegs auf der ganzen Welt besucht haben; allen, die mir aus Dank, zur Ermutigung oder einfach nur als Gruß geschrieben haben. Geschichten erzählen zu dürfen, die euch zu Herzen gehen, ist das größte Privileg meines Lebens. Danke, Emilio, mit deiner Geburt hast du mich an das erinnert, was im Leben wirklich zählt. Unendlichen Dank an Bianca, dieses Buch ist dir gewidmet.

Platz der kurzen Biografien

Die Autorin, Produzentin und Aktivistin **Francesca Cavallo** wurde 1983 in Tarent geboren. Sie schloss die Theaterakademie Paolo Grassi mit einem Diplom in Theaterregie ab und arbeitet seitdem an der Schnittstelle zwischen Kunst und gesellschaftlicher Innovation. Seit 2009, als sie ihr erstes eigenes, mehrfach ausgezeichnetes Theaterstück *Somari* schrieb und produzierte, konzentriert sie sich auf eine Literatur für Kinder, die

den Respekt für Diversität und die Gleichberechtigung der Geschlechter fördert. 2012 war Francesca eine der beiden Gründerinnen des Medien-Startups Timbuktu Labs, mit dem sie das erste iPad-Magazin für Kinder, *Timbuktu Magazine,* und das erste Kit für den Eigenbau von urbanen Spielplätzen entwickelte (lobende Erwähnung auf der Architekturbiennale von Bordeaux 2013). 2016 erschien das Buch *Good Night Stories for Rebel Girls,* dessen Co-Autorin Francesca ist und das in den USA mit der erfolgreichsten Crowdfunding-Kampagne in der Geschichte des Verlagswesens auf den Markt gebracht wurde.
Ihre Bücher wurden in 48 Sprachen übersetzt und über vier Millionen mal weltweit verkauft. Sie lebt in Los Angeles, Kalifornien.

Verena Wugeditsch ist eine junge österreichische Illustratorin. Sie lebt in dem kleinen Ort Sankt Andrä-Wördern und studiert Grafik und Kommunikationsdesign. *Das Wunder von R.* ist ihr erstes Buch.

Die Übersetzerin **Daniela Papenberg** studierte Kunstgeschichte und Italienische Literatur in Hamburg und Bologna. Sie übersetzt seit 2007 Sachbücher aus dem Italienischen und Englischen. *Das Wunder von R.* ist ihr erstes Kinderbuch.

Bleiben wir in Kontakt!
Folge Francesca Cavallo **@francescatherebel** auf Instagram. Wenn du (selten ☺) kleine Überraschungsgeschichten erhalten und über neue Bücher von Francesca informiert werden möchtest, melde dich für den Newsletter an: **www.undercats.com**

Weg der guten Nachrichten

Wenn dir dieses Buch gefallen hat, sprich bitte mit deinen Freundinnen und Freunden darüber, rezensiere es online oder poste es auf Social Media mit **#DasWunderVonR**
Kurzum: Behalte es nicht für dich. Bücher werden schöner, wenn man sie teilt.

INHALT